Daniele Allodoli

IL RISVEGLIO...
è questo il tuo viaggio

(1.PARTE)

Non siamo umili, siamo superbi
non siamo altruisti, siamo egoisti
non siamo in pace, siamo in guerra,
la guerra è prima dentro di noi.

Riusciremo mai a conoscere i meccanismi della mente
che ci hanno portato lontano dall'amore,
che ci hanno portato lontano dalla nostra luce....

Youcanprint *Self-Publishing*

Titolo | IL RISVEGLIO... è questo il tuo viaggio
Autore | Daniele Allodoli

Immagine di copertina a cura dell'autore

ISBN | 978-88-92664-64-7

Youcanprint Self-Publishing
Via Roma, 73 - 73039 Tricase (LE) - Italy
www.youcanprint.it
info@youcanprint.it
Facebook: facebook.com/youcanprint.it
Twitter: twitter.com/youcanprint.it

LA VITA *(Fuori c'è il mondo)*   pag.8

Vette di consapevolezza (Traccia n.1)   pag.9
Strade di ricordi (recitato)   pag.10
Se non si riesce (canzone)   pag.12
Siamo dentro (canzone)   pag.14

LA MEDITAZIONE *(Sul filo del rasoio)* pag.17

Vette di consapevolezza (Traccia n.2)   pag.20
Il viaggio (recitato)   pag.22
E' il tuo sentire (canzone)   pag.24
Stai morendo ? (canzone)   pag.25

L'AMORE *(Via di salvezza)*   pag.27

Vette di consapevolezza   (Traccia n.3)   pag.29
E poi arriverai tu…. (recitato)   pag.31
Questo amore, questa vita   (canzone)   pag,32
Siamo io e te (canzone)   pag.33

LA MORTE *(Trapasso d'amore)*   pag.34

Vette di consapevolezza (Traccia n.4)   pag.36
Ritorno al Padre (recitato)   pag.39
Fin dall'eternità (canzone)   pag.40
Quando lasci il tuo sogno (canzone)   pag.42

IL RISVEGLIO....

e' questo il tuo viaggio....

E' questo pazzo mondo,
sta ancora girando, intorno,
al vecchio uomo,
sta ancora dormendo,
dentro al sogno di una mente,
ma si sta per svegliare ....
"Che bell'immagine hai di te, tutto onore,
che bell'immagine hai di te, da portare
a spasso la domenica,
vai anche in chiesa tu
ma che bravo sei tu,
se poi conta ancor di più la tua immagine,
intanto il cuore è sempre più lontano,
intanto la tua vita sta passando,
sei chiuso nel tuo orgoglio,
sei chiuso nel tuo mondo
ma dove è la verità, la cerchi fuori
non sai chi sei, non ti conosci,
non vuoi conoscerti
perchè hai paura di conoscerti
così vivi nella tua finzione,
così vivi la tua pseudo-vita
dalla nascita alla morte,
siamo pieni di cose ma in fondo vuoti
e riempiamo il vuoto con il vuoto...."

INTRODUZIONE

La tua vita è il viaggio,

dove puoi sperimentare,

avere esperienze esistenziali,

tutti i discorsi non servono,

devi entrare totalmente

con la tua essenza,

con il tuo corpo.

Il viaggio è il tuo sogno,

per crescere con consapevolezza, fino al "risveglio",

puoi chiamarlo illuminazione, chiarezza, santità

o come ti pare, tanto il risultato è lo stesso,

non è un problema di conoscenza,

continuiamo ad accumulare conoscenza

che ci appesantisce ancora di più,

è un problema di comprensione profonda,

è un processo per disapprendere,

per ritornare di nuovo bambini,

rinascere ed è questa seconda nascita che ha valore,

la prima ci è stata data, la seconda dipende da noi,

disimparando, liberarsi da ciò che ci è stato messo

come ostacolo, anche se le intenzioni erano buone.

Ritornare con una nuova purezza,

con una nuova gioia dentro di noi

per sentirsi grati in questo dono di vita.

> ("…. abbiamo ricevuto una vita da spendere,
>
> non lo vedi com'è bello tutto così com'è,
>
> quante albe, quanti tramonti da respirare
>
> ancora insieme al mio respiro….)

Quando si diventa più poetici
allora anche la preghiera emerge dentro di te,
la senti nascere dentro di te, non è qualcosa
che ti viene imposto dall'esterno,
ti senti grato per questa vita ….
Nirvana, Tao, Samadhi, Dio, Verità …. o come li vuoi chiamare,
scopri che erano solo parole vuote, erano solo degli indicatori,
indicazioni che mostrano una via
per iniziare il viaggio al proprio risveglio….

LA TUA ESSENZA DIVINA

Se ora sei nell'inverno, non lamentarti

la primavera è sempre più vicina.

Se ora sei nella morte, non disperarti

la tua rinascita è in attesa.

Se ora non sai che tu sei già divino

perché Dio è in te e tu in Lui,

vivi con gratitudine e attendi,

prima o poi ti risveglierai in questa verità.

Quello spazio dove tutto è amore
non lo conosci ,
quando togli tutte le tue maschere
e rimani solo tu,
con il tuo volto originale, ancestrale, primordiale....

LA VITA
(Fuori c'è il mondo)

Nel profondo lo sai, non l'hai messa

la tua vita al fianco dell'amore,

di quell'amore che ti chiamava

con il tuo nome ad operare insieme,

tu rincorrevi le futilità del mondo

con i tuoi egoismi, con le tue bugie.

Nel profondo lo sai, non l'hai consacrata

la tua vita a quell'amore più grande,

sei rimasto sulla circonferenza,

non sei mai entrato nel centro.

Nel profondo lo sai, non sono servite

tutte le tue lacrime a farti amare l'amore.

Nel profondo lo sai, ora dovrai entrare

anche se la paura t'assale,

dovrai abbandonarle le tue maschere,

le tue sicurezze, le tue certezze ....

Dovrai cambiare veramente nel profondo,

finora hai solo parlato

di amore, di amicizia, di onestà....

Se ti apri alla vita strane cose t'accadranno

Vette di consapevolezza   1.

....e poi un giorno improvvisamente ti accorgi che l'illuminazione sta nascendo dentro di te, come una benedizione sta scendendo sopra di te, senti che non sei più identificato con il mondo materiale, ti osservi mentre il tuo corpo si sta muovendo, fluisci con l'energia, pura, incontaminata: è il tuo spazio, lì nessuno è mai entrato, è il tuo centro, è la tua verginità ma non puoi più dire ''il tuo'' perché per la prima volta tu scompari, sei un Niente e improvvisamente diventi il Tutto : è il grande orgasmo con l'esistenza, tutte le tue paure si dissolvano e tu continui a scendere o ad espanderti ma ormai sai che le parole non possono descrivere quello che è capitato, sono dei momenti che poi, ritornando nella mente, non riesci a spiegare, non li puoi spiegare, **ogni parola appare infantile non coglie l'essenza**, non la puoi cogliere e del resto non c'è bisogno per spiegare un'altra dimensione perché noi parliamo per simboli, per similitudini, le parole sono come dei giocattoli per comunicare secondo i criteri di questo mondo.

....e poi ci sono giorni in cui ti sembra di impazzire vorresti scappare, abbracciare qualcuno ma non puoi, non ti capirebbero anzi le cose potrebbero complicarsi, devi uscirne da solo e la strada è lì dentro di te, per prima cosa è accettare quei momenti perché fanno parte di un processo di crescita, prenderli come segnali di svolta, come benedizioni al cambiamento, non lottare, non reprimere, ma accettando pian piano la paura si dissolve e la fiducia inizia a crescere....

(STRADE DI RICORDI)

Puoi fermarti un attimo ad osservare:
la tua vita, il tuo passato,
a ciò che hai fatto, alle persone che hai conosciuto ?
In questo mistero di vita puoi sentire
il bisogno o la voglia mista a nostalgia
di ritornare in quei posti
dove hai lasciato una parte di te e poter dire :
"ma chi era quel ragazzo che credeva al grande amore",
è rimasto ancora lì ad aspettare il passaggio ....
Strade di ricordi, dove tanto tempo fa
e' passata la mia forma, è passato il mio corpo ....
Strade di ricordi, fanno parte di te,
sono inseriti nella tua mente, li puoi amare, se vuoi,
ma non rinnegare niente,
anche gli sbagli son serviti ad arricchire il percorso
d'illuminazione del proprio futuro,
non finisce mai perché non c'è inizio,
è un viaggio eterno
possiamo solo fare per non fare, essere per non essere,
lottare o abbandonarci, sono queste le vie possibili,
possiamo farci cullare dalla vita sotto questa pioggia
che purifica e ti fa sentire vivo
per ritornare poi a splendere insieme al sole,
quando, di nuovo, uscirà .
Strade di ricordi, ti ributtano nella tua sensibilità,
a pensare com'eri,
a come si poteva essere stati tanto timidi,
a sorridere dei tuoi desideri di allora,
quanti ricordi vivi nello spazio di pochi metri
chissà che ne è stato di quella ragazza:
aveva giocato con noi,
anche lei sta trasportando questi ricordi ....
Strade di ricordi, riconosci quell'albero
come se fosse un amico,
è lo stesso albero, è cresciuto anche lui,
mi ha percepito quando mi arrampicavo allora,
e ora chissà,se si ricorda di me

perché anche lui è una creatura che vive,
ha la sua dimensione,
noi non la conosciamo, arroccati
nel nostro ego, nel nostro credere
di sapere tutto su tutto,
non sentiamo quanto è piccolo il nostro limite
di fronte all'infinito, di fronte all'assoluto.

Sono solo lungo strade nei meandri di memorie
quante immagini appaiono come per incanto,
quante sensazioni ti riaffiorano sulla pelle,
quante malinconie ti colpiscono all'addome .
Strade di ricordi, sono parte del mio viaggio,
sono parte del mio mondo,
su questo pianeta chiamato: Terra....

La cosa più bella di tutta una vita

fu quella volta che m'accorsi

che tu, potevi chiuderla quella porta

e non riaprirla mai più,

invece tu, non lo hai fatto

perché lo sai che si può risorgere

" SE NON SI RIESCE "   *(canzone)*

E' la tua vita, tu vuoi amare

ma non sai farti amare

da quell'amore che ti dice:

"tu vai bene così come sei,

ti ho sempre amato nonostante le lotte

ma era tutto un trucco, è stato tutto un trucco,

tu vai bene così come sei,

ti ho sempre amato

e ti ho aspettato nella tua libertà".

E' la tua vita, prima del grande salto

tu hai paura perché non lo conosci

ancora tutto l'amore .....

Se non si riesce a vederlo,

se non si riesce a sentirlo

tutto l'amore che c'è intorno,

tutto l'amore che hai di dentro,

tutto l'amore è qui, è già stato aperto,

tu non sei i tuoi pensieri

e chi c'è dietro te lo sei scordato,

tutti figli dello stesso amore,

tutti diversi ma tutti uguali

a non scoprire la menzogna

del non sapere di essere amati

da questa vita, in questa vita,

non lo senti tutto il mistero

e siamo nati e poi cresciuti

in questo tempo che ci è dato,

giocatori dello stesso gioco,

sognatori dello stesso sogno.

Se non si riesce a toccarlo,

se non si riesce a capirlo

tutto l'amore che sta bussando,

tutto l'amore che non stai sentendo,

svolta il tuo sguardo e ti risvegli

e la vedi poi la tua illusione

di scoprire un senso, ma non c'è nessun senso

se non trovare quell'amore,

tutti figli dello stesso battito,

tutti nel mondo e possiamo scegliere

se odiare o perdonare, se distruggere o creare....

Siamo pieni di cose ma in fondo vuoti.

" SIAMO DENTRO " *(canzone)*

Siamo dentro in queste gabbie di condizionamenti

che si apriranno nei nostri cieli interni di silenzi,

tu che credi che la libertà sia fare quello che ti pare

ma non sai che sei dentro a modelli

sempre più patinati d'effimero,

ma ci si può abbandonare ancora a canzoni d'amore

che ti toccano nei ricordi di brividi,

a toccare emozioni,

senza sapere che eri ad un passo dalla luce

che c'è dentro alla tua vita.

Siamo solo due cuori che cercano di battere

in sincronie di suoni vivi

che ci sveglieranno ancora insieme

per un altro giorno da poter creare in armonia

con il proprio pensare e modo di essere

e a noi ci basterà solo un po' di vento di nostalgia

che riscalderà le tue guance

ancora morbide di sorrisi liberi.

Getta via i tuoi vestiti che hai confuso

con la tua pelle bianca

non la conosci, hai dimenticato

per seguire maschere d'identità,

salta via, salta via

con caviglie un po' più sciolte

sul terreno più leggero che attutisce

la tua caduta libera da pregiudizi,

salta via, salta via

congiungendo le forze

e danzeremo e ci ameremo nello stesso tempo

sulla nostra giostra che gira intorno,

al centro del tuo mondo ....

Ma giriamo intorno a questo cerchio

senza mai arrivare al centro

del tuo modo di essere,

in fondo a questa piramide

che non serve scalare

per arrivare al centro

del tuo modo di essere

e nessuno mai ci ha detto mai

perché siamo dentro

in questo cerchio di vita.

Ma c'è ancora amore

che attanaglia viscere,

che lega viscere,

che strappa regole

a cambiamenti di maturità,

osserveremo l'incomprensione

che svanirà in quelle voglie

voglio voglie di te ....

C'è ancora amore

che attanaglia viscere,

che lega viscere....

ma sì che c'è, ma sì che c'è,

sono sicuro che c'è....

Credevo fossi tu a dover cambiare,

invece ora capisco, ero io a dover cambiare,

dovevo arrivare a vedere tutto con gli occhi dell'amore.

LA MEDITAZIONE
(Sul filo del rasoio)

Che grande opportunità
    fare della propria vita una ricerca
    una ricerca della propria verità
    una ricerca della propria essenza,
    ti porta alla fonte originaria
    dove tutto sgorga, dove tutto è amore.
Che grande opportunità
    essere nella vita, stare qui
    con i piedi per terra e la testa in cielo,
    più profonde sono le radici
    e più in alto si può arrivare.
Che grande opportunità
    quando le tue mani trasmettono amore
    nel toccare un altra persona,
    nel dare e nel saper ricevere l'altrui umanità.
Che grande opportunità
    riuscire a vedere l'amore
    e' dappertutto,
    riuscire a vedere la bellezza
    è dappertutto,
    anche nei nostri nemici,
    anche in ciò che non ci piace
    perché tutto ha ragione di essere.
Che grande opportunità
    capire che siamo tutti nella stessa barca
    capire che siamo tutti in viaggio verso la stessa meta.

Che grande opportunità
    ma a noi sta sfuggendo,
    ma noi, potremmo,
    non farla sfuggire.

Ho scrutato nei tuoi occhi ed ho visto la noia
per questa vita che non è danza.
Ho scrutato nei tuoi occhi ed ho sentito la malinconia
per questa vita che non è canto.
Ho scrutato nei tuoi occhi ed è emerso il rimpianto
per questa vita che non è festa.
Ho scrutato nei tuoi occhi ed ho trovato l'indifferenza
per questa vita che non è gioia.
Ho scrutato nei tuoi occhi ed ho visto me,
noi schiavi della mente

E' il tuo amore che ti aspettava e tu dov'eri ?

Rincorrevi il mondo dei desideri

e sei caduto in quell'oblio,

ma ora ti risvegli in quella luce

che c'è dentro nella tua vita

e stai fiorendo nel tuo amore

e stai sbocciando nel tuo amore

dentro la tua interiorità, chiudi gli occhi e vai dentro,

butta via, butta fuori quei pensieri, non sono i tuoi

tu sei amore, tu sei calore, tu sei abbraccio,

tu sei calore, tu sei scintilla, tu sei gioia,

tu sei amico, l'hai dimenticato l'avevi dimenticato....

L'oscurità non esiste, è solo un'assenza di luce.

La paura non esiste, è solo un'assenza di amore.

Prima cosa: chiudi gli occhi e vai dentro di te....

Seconda cosa: nella prima trovi già tutto.

Vette di consapevolezza 2.

....e poi un giorno trovi per caso (ma forse non è solo un caso) un libro da un tuo amico e per curiosità (ma forse non è solo curiosità, ma un bisogno della tua anima) inizi a leggere e a provare, a mettere in pratica e senti che c'è verità, senti la calma, la gioia, assaggi per la prima volta la tua libertà, scopri il tuo mondo interiore che è vasto quanto quello esteriore, continui e ti accorgi che tu stai cambiando, osservi in modo diverso, cammini in modo diverso, parli in modo diverso, sei preso all'amo (e un giorno ringrazierai per questo), tutte le tue concezioni iniziano a sgretolarsi , il tuo attaccamento, la tua possessività, il tuo egoismo, la tua gelosia, cominciano a cadere e inizia un caos, ma è indispensabile **per ripulire il tuo inconscio** dalla spazzatura accumulata nello sbando di questa società nevrotica,
vuota di spiritualità.

....e poi lo sai che dovrai tentare di spiegare come hai fatto ad essere in quel "....e poi...." iniziale, ci sono tecniche (centinaia) ma possono sfuggire al razionale, la mente
farà da barriera tenterà di sviarle trovando delle scuse
(ti porterà alla pazzia, non hai tempo, non servono, non se ne guadagna niente,...) la mente è sempre calcolatrice e mira sempre ad uno scopo, ad un utile, non sa stare nel presente perché essa muore, non ha spazio per muoversi
e proietta nel futuro o pensa al passato.

....e poi scopri che sta iniziando il viaggio ed è il tuo viaggio per ritornare alla fonte originaria, dove tutto è amore, inizi a comprendere tante cose ad esempio che siamo stati cresciuti in un clima repressivo e non espressivo : "non fare quello, non toccare, non uscire, ecc ...."

ed è stato un bene, il bambino va protetto perché altrimenti non sopravvivrebbe ai pericoli della vita, ma ad un certo punto si deve affrontare una propria ricerca, che servirà a bruciare i condizionamenti subìti e perdonare tutto ciò che ci hanno fatto, fin dalla nascita veniamo controllati, manipolati "per il nostro bene"(ovviamente!!) e se crescendo si tenterà di innalzarsi sopra certe regole, la società non potrà accettare l'individualità, ha bisogno della massa, della folla, la creatività del singolo fa paura perché non potrebbe essere comandato, soggiogato, non sarebbe più un numero, si usa l'arma della paura come deterrente, tutto il nostro sistema giudiziario è solo una rivendicazione della società sul singolo, ci trasciniamo ancora molta eredità dal mondo animale riusciamo a nascondere ma basta poco per farlo riaffiorare violentemente.

....e poi si inizia ad orientarsi verso il cuore, la parte repressa, i genitori si sono preoccupati di addestrarti l'intelletto per essere efficienti in questa società , con l'intelletto si diventa importanti, potenti, secondo i criteri di questo mondo, con il cuore non ci sono cartelli direzionali o escalation da compiere, ti addentri in una giungla, puoi perderti molte volte, è rischioso ma è questa la sua bellezza, ritrovare la strada ogni volta, non la puoi conseguire una volta per tutte, ogni volta va ritrovata….

(IL VIAGGIO)

C'era qualcuno che non tornerà più da viaggi
dove ci si perde nell'idea di poter volare
sopra barriere di convenzioni,
aveva lasciato il suo passato
d'atteggiamento accumulato
per trovare dentro di sé,
per sentire chi respira,
per cercare le risposte,
per scoprire altri linguaggi,
per dire e fare, dire, fare, baciare
le tue labbra di colori in espansione d'emozioni.
Aveva scambiato il suo futuro
con un salto nell'ignoto
ma tu no, no, non mi seguire
se hai paura di cambiare ed impazzire,
non lasciare quel tuo mondo di persone
riflesse da giudizi: bene o male,
per delle mosse,
mosse su mosse di programmi futuri,
di amori-contratti, contratto-amore ....
C'era qualcuno che non tornerà più,
che voleva spararsi se si poteva vedere
se poi lei piangeva,
aveva sentito la vita che gli sfuggiva da mani
che stringono vuoti d'incomprensione di legami
a delle promesse che si stavano chiudendo
a delle regole di amori-contratti
a dalle regole che sfidano il tempo
di amori contratti, contratto-amore ....
E lei non capiva cos'era successo:
"doveva capitare proprio me adesso,
perché sei cambiato,
perché non sei più quello
che io volevo proiettare
nei miei sogni da ragazzina"
che voleva tutto ciò che diceva,

ma ora che devi solo dare
le tue posizioni consolidate
lasci cadere le opportunità
per convenienze di egoicità.

Ed era tornato per dividere ancora con gli altri
la sua ingenuità risvegliata
da lunghi, lunghi silenzi
di lampi di luce, di ricordi-bambino,
aveva osservato l'energia che si trasformava
nel coraggio di dire e fare, dire, fare, baciare
le tue labbra di colori in espansione d'emozioni.
Da cuore a cuore nasceranno nuovi modi
per dire:"ti amo" in complicità
di sorrisi sintonizzati sulle stesse frequenze,
ma tu no, no, non mi seguire se hai paura
di cambiare ed impazzire,
non lasciare quel tuo mondo di persone
riflesse da giudizi: bene o male,
per delle mosse,
mosse su mosse di futuri programmi,
di amori contratti, contratto-amore ....

C'era qualcuno che voleva vedere
se si poteva andare e tornare
e riconoscere la vecchia faccia
di come era, di come non era,
c'era qualcuno che non tornerà più,
c'era qualcuno che riscoprì se stesso

" E' IL TUO SENTIRE " (canzone)

E' il tuo sentire che ti porta qui,

è il tuo sentire che ti fa scegliere

fra il morire e il rinascere,

quando tocchi il fondo

puoi ancora sentire la forza

che ti fa risalire

per cercare nuovi occhi

e nuove storie per lasciarti andare

nella pazzia di esser vivi

in questo gioco assurdo,

dentro questo gioco assurdo

e poi riemergere, dentro al viaggio,

proseguendo il viaggio ....

Avverrà la tua trasformazione

nonostante la lotta con te stesso,

quando tocchi il fondo,

osserverai chi si stava perdendo...

"Ti stai osservando ...".

" STAI MORENDO? " (Stai vivendo senza amore)

(canzone)

Stai vivendo senza amore

(ma l'hai ancora dentro)

e non giochi più con le meraviglie di questa vita,

sta passando e tu stai morendo ....

ma puoi rinascere....ma puoi rinascere,

sei pieno di veleno (e non lo sai)

vuoi amare ma dimmi (ma come fai)

se sei pieno di veleno (e non lo sai).....

ma puoi rinascere .... (puoi rinascere)

Non ti guardi mai dentro,

non hai il tempo, (ma non c'è più tempo)

vuoi cambiare, sbagli ancora, (non ti fermi mai)

Puoi fermarti un attimo

a ripensare alla tua vita, a ciò che hai fatto,

alle persone che hai conosciuto

che sono state parte di te,

a ripensarti a te bambino,

ai tuoi primi passi in questa vita

è la stessa vita, è la tua stessa vita .....

Puoi fermarti un attimo

a respirare dentro di te

a ritrovare quella gioia che avevi tu

a ritornare nei posti dove tanto tempo fa

sei passato tu

con il tuo corpo, con il tuo stupore,

è la stessa vita, è la tua stessa vita....

Stai vivendo senza amore

(ma l'hai ancora dentro)

L'AMORE
(Via di salvezza)

Ma se è l'amore che vuoi

    quell'amore che hai già sentito

    e ora stenta a ritornare

    perché la vita cambia e ti cambia la vita

    e tu rincorri ancora il tuo sogno.

Ma se è l'amore che vuoi

    quell'amore nascosto nella tua ansia

   in questa vita che passa

    e tu rincorri ancora il tuo sogno,

    non credere che non tornerà

    adesso che non hai più lacrime

    non credere che non esista più amore,

    giocatori del non saper più giocare

Ma se è l'amore che vuoi,

    allora dimmi perché

    non stringi più abbracci, non aiuti chi ha bisogno,

    non scacci il tuo orgoglio, non deridi la tua gelosia

    allora dimmi perché

    non ti fermi a guardare il tuo essere, è il tuo essere,

    può aprirsi a tutto l'amore che vuoi

    e se è l'amore che vuoi,

    non aspettare di riceverlo ma sii tu il primo a darlo.

"La comprensione sta salendo dal mio cuore

per dirmi: "stai arrivando a casa,

hai girato e vagato nell'oscurità dall'eternità,

alla ricerca del calore che era già dentro di te,

alla ricerca della luce che era già dentro di te,

svegliati da quella sofferente malattia

di vivere nel domani,

è tempo di rinascere,

è tempo di svegliarci da questo sogno..."

Vette di consapevolezza 3.

….e poi cambia il tuo rapporto con il denaro, che è sempre meglio averlo perchè te ne stanchi prima, puoi capire l'assurdità del tuo continuo desiderare, però con i soldi hai più scelta, più potenzialità di evolverti, puoi permetterti di orientarti verso aspirazioni più alte, se sei povero, invece, continui a vivere nell'illusione di quando sarai ricco, sprecando così la vita, ci vuole molta intelligenza per un povero a non attaccarsi al denaro, a capirne la sua futilità intrinseca, così come ci vuole molta stupidità per un ricco a non capirlo più velocemente, i soldi vanno usati come mezzo, invece noi ne siamo schiavi, dipendenti, perché ci illudiamo che i soldi possono darci la felicità.

….e poi cominci ad accettarti così come sei, sei già arrivato a casa, siamo immersi già in Dio, puoi respirare l'energia divina sempre in ogni momento, puoi innamorarti semplicemente della vita, di tutte le sue più piccole sfaccettature, si ridiventa bambini innocenti con occhi puri di meraviglia ma ci si muove su strade pericolose perché di certo si diventa dei disadattati rispetto ai criteri di questa società.

….e poi provi gratitudine, profonda gratitudine, per essere in questa vita senza averlo guadagnato, sei in questa vita che ora è la tua, puoi solo ringraziare sentirti contento perché **una meravigliosa serenità si è diffusa intorno a te** , certo lo sai che arriveranno anche i momenti bui, ma anche questo fa parte della crescita non puoi essere sempre felice, il segreto è saper cogliere, saper trasformare tutti i momenti che ti offre la vita e viverli con totalità, ogni cosa ha una sua bellezza se la sai cogliere anche la tristezza è bella a volte, ti dà più profondità, l'allegria a volte diventa solo superficialità. Le persone continuano a scappare da loro stesse in mille modi : lavorando 10 ore al giorno, dormendo tutto il giorno, oziando al bar, facendo delle attività in modo meccanico ecc...., viviamo o meglio vegetiamo al minimo, trascinando il corpo come un cadavere, come un peso senza nessuna grazia, non sappiamo uscire dall'inconsapevolezza perché tutti vivono così, ci facciamo da specchi uno con l'altro, ci conosciamo tramite lo specchio di un altro che a sua volta è vittima di altri specchi.

....e poi qualcuno parlerà male di te, non può tollerare di vederti felice, ma basta riuscire a non identificarsi o capire perché è stato detto, ognuno vive nel proprio mondo e dà le proprie interpretazioni, se si ascoltano cento persone è possibile ascoltare cento opinioni diversi e allora che fare, bisogna identificarsi in ognuna ? si finirebbe per impazzire, è più semplice capire che il loro giudizio è solo una loro proiezione, non stanno dicendo nulla di te, non possono sapere, stanno semmai solo, rivelando qualcosa di loro....

(E POI ARRIVERAI TU ....)

E poi arriverai tu ....
ad armonizzare questo mio mondo,
a portarmi dalla parte del sole,
ad illuminare la parte oscura
e poi arriverai tu ....
per guarire le ferite nell'anima,
per ridarmi fiducia dimenticata da tempo,
per ritrovare il sentiero per ritornare a casa.
E poi arriverai tu ....
a ridare equilibrio a questa vita,
a rimettermi sulla strada del giusto,
a trasmettermi il tuo spirito materno.
E poi arriverai tu ....
perché solo l'amore mi potrà salvare
perché il destino ci stava ancora aspettando ....

L'amore è ancora presente, nonostante noi....
Quando tutto sembrava perso, eccolo lì,
come una illuminazione, come una folgorazione,
e tu non sai il perché, non sai il perché,
l'amore ti riprende così come sei
con tutte le tue ferite, con tutti i tuoi guai,
anche se non lo meriteremmo mai,
rinascerà ancora dentro di noi, lo sento già
rinascere dentro di me.
Adesso o alla fine l'amore ci ritroverà,
adesso o alla fine l'amore ci riprenderà ancora....
Non sono servite tutte le nostre bugie,
non sono servite tutte le nostre ipocrisie,
nelle sue infinite vie non si dimentica di te,
perché l'amore è più grande di noi,
è ancora presente....nonostante noi.

" QUESTA VITA, QUESTO AMORE, SEI TU " *(canzone)*

Questo amore da ritrovare ogni giorno,

ma ogni giorno arriva prima

perché ormai conosco ogni tua movenza,

perché ormai conosco ogni tua parvenza,

nascosta nelle pieghe della tua essenza,

è nel sentirsi amati che anche tu

puoi tornare ad amare,

è nel sentirsi amati che anche io

posso tornare ad amare.

Questa vita passa ma l'amore no,

se costruisci dentro di te

due anime guariscono

se si aprono alla sincerità,

due anime si salvano

se si danno la vita nella totalità,

Questa vita, questo amore, sei tu....

Questo amore, questa vita, sei tu....

" SIAMO IO E TE " *(canzone)*

Siamo io e te e l'amore sopra di noi,

siamo io e te e l'amore dentro di noi,

siamo io e te la salvezza,

siamo io e te l'unica ricchezza che c'è .....

Sei tu la sacralità da ritrovare

ogni giorno dentro di me,

questo amore non lo tradirò mai,

perché ho scelto te per amare questa vita

perché ho scelto te da amare nella vita .....

E' per te che darei la vita,

nel bene, nel male sei tu da amare,

sei tu da perdonare,sei tu per imparare ad amare,

mani che cercano nuovi affetti

che vibreranno in noi sotto questa luna

ci si può incontrare con la tua carne qui

che sta chiedendo nuovi impulsi da bruciare

tra sentimenti ora chiusi che si espanderanno

in un amore sempre più irrazionale.

Siamo io e te, questa vita, una carne sola ....

Siamo io e te e l'amore sopra di noi.

Siamo io e te e l'amore dentro di noi.

LA MORTE
(Trapasso d'amore)

Giocatore d'energia,

sperimentare ancora il dubbio del non credere,

dentro al viaggio, proseguendo il viaggio,

l'abbiamo a disposizione.

Perdersi per ritrovarsi con l'amore come riferimento,

perdersi e poi ritrovarsi e poi di nuovo perdersi

tanto ora, tutto è solo finzione

tranne l'amore che sta crescendo nella terra feconda

e sta sbocciando nel cielo eterno.

Sto nutrendomi dalla sorgente di acqua eterna

che mi sta usando per un grande esperimento:

sciogliere l'identificazione dell'egoismo,

ridendo di me stesso per esser diventato folle,

ma tanto lo ero già prima ed avrei perso solo l'occasione

di toccare vette e sprofondare in valli

per prepararsi a salire di nuovo,

perché ogni volta non è mai la stessa.

Perdersi per ritrovarsi e si dovrà, poi,

conoscere altre persone illuminate,

perché sono loro che salvano questo mondo.

Perdersi per ritrovarsi tanto poi,

l'Amore coprirà tutto,

anche le nostre pretese, anche le nostre bugie,

noi volevamo soltanto prendere sempre di più,

noi volevamo soltanto le sicurezze

trascinandoci sempre così in questa esistenza.

Perdersi per ritrovarsi e di nuovo ci si perderà

in questo continuo gioco fino a quando

stai osservando chi si perdeva e chi si ritrovava

e il tuo Sé è lì dietro alle parole che sta osservando,

ora sentirai che **saprai anche come morire.**

**La morte è l'ultimo tabù,
se scandagli la morte sei destinato a trovare Dio.
Quando nella profondità del tuo cuore metterà radici
la convinzione che anche tu un giorno dovrai morire,
allora tu non sarai più lo stesso,
allora tu inizierai a vivere in modo diverso.
Non scappare, non ridere, è l'unica cosa certa nella vita,
non posporre il tuo risveglio, fermati a riflettere,
fallo da solo, fallo nel tuo silenzio,
perché è la tua verità e la verità è eterna
mentre le menzogne sono tutte temporanee.
Non cerchi mai qualcosa di immortale,
cerchi sempre l'effimero,
cerchi sempre tutto ciò che finirà.
Non chiedere su Dio non lo troverai, non lo puoi trovare,
chiediti sulla morte e troverai Dio.**

Vette di consapevolezza 4.

....e poi ti viene rivelato che il male è dentro di te,
tutto il non-amore, le cattiverie, l'egoismo, l'invidia, si sono
accumulate dentro e fa molto male quando ci si accorge che
anche noi ne siamo pieni e vittime, si riesce a dare buoni
consigli ad altri ma quando poi si è nella stessa situazione
non si riesce a comportarsi allo stesso modo, in noi scatta un
meccanismo che non ci permette di vedere dalla stessa
distanza.

....e poi impari a gioire in molti momenti, sempre più
frequenti, anche adesso che sto scrivendo, non so per quale
ragione, forse per gettare un seme della mia esperienza a
qualcuno pronto a ricevere o forse per sovrabbondanza
perché quando sei carico devi riversare da qualche parte, le
parole appaiono come per incanto sulla carta bianca ed io sto
osservando la mia mano che di getto senza sforzo scrive.

....e poi il tuo mondo che fino ad allora viveva di cose futili
basate sul desiderio o meglio sul meccanismo della mente
che è quello di desiderare sempre di più, più hai e più vuoi,
non c'è fine, il desiderare è sempre presente, bisognerebbe
focalizzarsi su quello che si ha già, (abbiamo già tantissimo
ma non diamo loro la giusta importanza) viviamo senza
poesia, ci costruiamo delle facciate, delle maschere e
pretendiamo che un altro ci ami, com'è possibile se la
sorgente primaria è avvelenata tutti i nostri rapporti saranno
avvelenati e falsi.

....e poi scopri che tutta la tua attività a volte non è
necessaria, se non hai più fame perché continui a mangiare,
basterebbe osservare l'ossessione frenetica del fare per forza
anche se non è un bisogno reale eppure la si fa mancando
totalmente la consapevolezza.

....e poi improvvisamente sei tornato a casa e ridiventi il padrone della tua casa, non sei più schiavo degli ospiti
che tu inconsapevolmente hai fatto entrare e che hanno preso il sopravvento su di te, tu riscopri te stesso, le tue responsabilità e tutte le meraviglie della vita, avevamo perso la dimensione gioiosa della vita a causa di una mente utilitaristica, educata al conseguimento di un risultato, di un utile da raggiungere, appesantiti da rabbie non sfogate, dai sensi di colpa che alloggiano nell'inconscio diventando un meccanismo automatico, restringiamo il campo anche se non c'è né bisogno, anche mentre giochiamo pensiamo solo a vincere, per avere uno scopo, abbiamo perso la festosità dell'atto fine a se stesso che poi è la vera celebrazione, la vera preghiera da elevare, come segno di gratitudine.

....e poi senti che la parola Dio è stata troppo abusata sarebbe meglio pensarlo attraverso la parola Amore la quale almeno finora, conserva più genuinità, più purezza.

....e poi un giorno cambi il modo di rapportarti con gli altri, ora lo sai, dentro di te, sei diverso, è cambiato l'atteggiamento, puoi lasciarti andare, abbandonarti alla vita **non c'è più tensione, né violenza**, sei rilassato nel tuo essere, è il tuo essere che si può aprire a tutto l'amore che vuoi, il mondo è un'inesauribile serbatoio di energia da cui puoi attingere sempre, non c'è fine, non c'è inizio, siamo dentro nel mistero di questa vita, dove tutto cambia, tutto muta tranne il nostro centro, esiste dall'eternità, nel progetto iniziale di Dio.

....e poi comprendi che un giorno ritorneremo alla fonte originaria per rientrare nel mistero di come ne siamo usciti,
non c'è modo di svelarlo, siamo su un piano più basso, inferiore, non possiamo penetrare il superiore, è impossibile, può succedere solo il contrario, cioè che Dio entri in noi, che

scenda su di noi, se la Grazia gratuita (senza il nostro merito) ce lo concede, se riusciamo ad abbandonarci con fiducia, è così meraviglioso starsene seduti a respirare sotto un albero, godersi il momento esistenziale senza tensioni, senza affanni, come è anche meraviglioso lavorare con intensità, creando qualcosa che sta nascendo dal tuo lavoro, qualunque esso sia, la realtà non è così come la stiamo proiettando noi, la realtà non è così come la stiamo filtrando noi, non è problematica è il nostro sguardo che è problematico ovunque guardiamo creiamo problemi, sappiamo creare solo problemi perché la nostra mente fa da filtro .

....e poi arrivi ad una nuova forma di preghiera che è solo una profonda gratitudine di essere in questa esistenza, è il sentirsi grati e immeritevoli, sboccia dal cuore quando sei pronto a recepirlo dall'interno, quando sei solo nel tuo essere, a volte accade spontaneamente, è difficile volerlo forzare direttamente, non sappiamo come aprirlo, ognuno di noi ha un potenziale d'amore, ma resta inespresso, latente, nasciamo, viviamo e moriamo sprecando la nostra vita, cercando qualcosa all'esterno che ci appaghi senza sapere che dentro di noi esiste già tutta la beatitudine possibile, la grazia necessaria, è un amore già concepito dal disegno primordiale di Dio e aspetta solo la nostra collaborazione.

....e poi un giorno arriverò anche io dove arrivò mio padre e mia madre (la morte), nonostante i nostri tentativi di posporla più avanti possibile, arriverà....

Saremo diventati migliori ?

Saremo pronti abbastanza per il grande salto ??....

(RITORNO AL PADRE)

Ritorna, semplicemente
alla fiducia della vita
quella che avevi da bambino
quando davi la mano a tuo padre
e lo seguivi senza paura.
Ritorna, semplicemente
alla fiducia della vita
come il fiume che scorre
senza sapere che sfocerà nel mare.
Ritorna e rientra in te stesso
avvolto nelle braccia
del nostro Padre Creatore,
senti il calore e l'Amore
del miracolo di essere in questa vita,
noi lontani
inconsapevolmente da Lui,
ma sempre figli suoi ....

" *FIN DALL'ETERNITA'* " *(canzone)*

Se aprirò il cuore per farmi amare da Te,

Tu che sei il vero amore,

se ero già Tuo fin dall'eternità,

adesso sono qui in questa vita che passa

e mi porta da Te sulla strada verso l'eternità,

nella mia libertà Tu bussi e dici:

"figlio sei qui, ti ho chiamato perché ti ho amato",

mi hai chiamato per scoprire il tuo amore

e poi piangere in quella gioia che c'è nel cuore ....

Quanto amore non c'è in quella vita che fai,

in quella vita che sei, in quella vita che vuoi,

quanto amore non c'è in quella carne che sei,

in quella carne che vuoi, quella carne che sei.

Se aprirò il cuore per farmi amare da Te,

Tu che sei il vero amore

sei Tu quello che stavo cercando,

sei Tu quello che mi stava cercando

sei Tu per essere sulla via del cuore.

Se non riesci a vederlo, se non riesci a sentirlo

tutto l'amore è qui, già aperto,

è qui, è già stato aperto, nel tuo cuore è già stato aperto,

tutto l'amore e lo puoi sentire....

E" la tua vita, prima del grande salto

tu hai paura perchè

non lo conosci ancora tutto l'amore

tutto l'amore che c'è in fondo al tuo cuore

ci deve essere ancora....

E' la tua vita, tu vuoi amare

ma non sai farti amare

da quell'amore che ti dice:

"E" la tua vita, ti ho sempre amato

 e ti ho aspettato nella tua libertà...."

" *QUANDO LASCI IL TUO SOGNO* " *(canzone)*

Passano gli anni, passa la vita

ed eccola qui già la morte

come passa in fretta il tempo

ma tu, tu la vuoi ancora la tua vita,

c'è ancora tanto, tanto da fare

c'è ancora tanto da guadagnare,

c'è ancora tanto da accumulare,

ora non puoi più tornare indietro ad amare,

ora non puoi più, non puoi più scappare,

ora puoi solo fermarti

e guardarti in fondo al cuore,

è stata la tua vita

poco o tanto, bene o male,

anche gli sbagli.

Sì lo sai, potevi essere migliore,

potevi aprirla quella porta,

potevi perdonarlo quel rancore,

potevi scioglierlo l'orgoglio,

potevi darlo di più il tuo amore.

Passano gli anni e va via la vita

ed eccola già qui la morte

come sei cresciuto in fretta

hai girato e vagato alla ricerca dei tuoi sogni

ma la posta in gioco era l'eternità,

stai lasciando il tuo corpo,

stai entrando nell'eternità....

Finito di stampare nel mese di Marzo 2019
per conto di Youcanprint *Self-Publishing*

www.ingramcontent.com/pod-product-compliance
Lightning Source LLC
LaVergne TN
LVHW051515170726
843492LV00002B/936